RENÉ BRUNESŒUR

MUSEUM CONTEMPORAIN

BIOGRAPHIES

ARTISTES, AUTEURS DRAMATIQUES, MUSICIENS
ADMINISTRATEURS, DIPLOMATES
MÉDECINS, JOURNALISTES, MAGISTRATS, AVOCATS, MEMBRES DU CLERGÉ
DE L'ARMÉE, ACADÉMICIENS, TRAVAILLEURS, ETC., ETC.

ÉDOUARD BRISEBARRE

« Ce que j'aime en lui, c'est que, malgré
ses succès et ses qualités, il est resté bon,
serviable et modeste. »

CHEVALIER DE ROSNAY.

75 CENTIMES

PARIS
CHEZ ROBE, PHOTOGRAVEUR,
20, RUE ROSSINI,
ET CHEZ LECLERC, LIBRAIRE, 14, RUE DE L'ÉCOLE-DE-MÉDECINE

38,834

MUSEUM CONTEMPORAIN

RENÉ BRUNESŒUR

MUSEUM CONTEMPORAIN

BIOGRAPHIES

ARTISTES, AUTEURS DRAMATIQUES, MUSICIENS
ADMINISTRATEURS, DIPLOMATES
MÉDECINS, JOURNALISTES, MAGISTRATS, AVOCATS, MEMBRES DU CLERGÉ
DE L'ARMÉE, ACADÉMICIENS, TRAVAILLEURS, ETC., ETC.

ÉDOUARD BRISEBARRE

> Ce que j'aime en lui, c'est que, malgré
> ses succès et ses qualités, il est resté bon,
> serviable et modeste.
>
> CHEVALIER DE ROSNAY.

PARIS
CHEZ ROBE, PHOTOGRAVEUR,
20, RUE ROSSINI,
ET CHEZ LECLERC, LIBRAIRE, 14, RUE DE L'ÉCOLE-DE-MÉDECINE

Paris. — Typ. Morris et Comp., rue Amelot, 64.

ÉDOUARD BRISEBARRE

> Ce que j'aime en lui, c'est que, malgré ses succès et ses qualités, il est resté bon, serviable et modeste.
>
> CHEVALIER DE ROSNAY.

Édouard Brisebarre est un élève du collége Char-
lemagne, où il a laissé les souvenirs les plus considé-
rables de paresse et d'indiscipline.

Son nom lui attira, dès l'abord, les quolibets et les
plaisanteries de ses jeunes camarades.

Il dut le faire respecter, comme on se fait respecter
partout, par la force !

Le collége, c'est la société en petit.

S'il se fût appelé *Durand* ou *Caumartin*, on l'eût
laissé tranquille.

Les noms ont une influence sur la vie des hommes.

Après douze ou quatorze années de grec et de latin,
il entra dans ce qu'on appelle le monde, et s'aperçut

qu'il ne savait exactement rien de ce qu'il fallait pour gagner sa vie!

Il essaya de l'arracher!

Donnez-moi une pierre à remuer, disait Machiavel, et je la remuerai mieux qu'un autre.

La pierre lui manquait!

Faute de mieux, il se casa dans l'étude de M⁰ Pinson, avoué; puis délaissa bientôt Ortolan, Rogron, Mourlon et autres doctes personnages pour les contributions indirectes.

Un soir, le hasard le poussa au théâtre. Pendant un entr'acte, il se fit cette réflexion judicieuse, que la comédie, au théâtre, était plus amusante, plus spirituelle surtout, que celle qu'on jouait dans les bureaux de la recette, et une seconde fois il laissa ses ustensiles de gratte-papier pour s'engager chez Seveste en qualité de jeune premier.

Eut-il là les succès qu'il attendait? Peut-être oui, peut-être non. Les renseignements me manquent à ce sujet. Quoi qu'il en soit, nous le voyons à la Banque de France, au bureau de l'escompte.

Il arrivait à huit heures, sortait à six. Pendant trois

mois il fut d'une exactitude exemplaire. Le quatrième mois il manqua l'heure d'arrivée; le cinquième, il devança celle du départ; le sixième, il écrivit sur un bordereau, entre une addition et une multiplication :

La Fiole de Cagliostro, vaudeville en un acte.

Puis, chiffrant de nouveau,

17 et 8 font 25

Personnages :

Je pose 5 et retiens

La baronne de Murville, 68 ans.

68 et 2 de retenu font

Suzanne de Murville, 18 ans.

18 et

Reginald de Cassigny. . . . . . .
La scène se passe en 1785.

Total. . . . . 1785.

Oui ! le malheureux avait posé ces chiffres. Ce furent les derniers que la Banque de France vit tracés de sa main.

Voici à quelle occasion il brisa sa chaîne.

Un après-midi, un sous-gouverneur de la Banque, M. Félix Verne, assis à une longue table surchargée de bordereaux, vérifiait la valeur des effets à escompter. Tout sous-gouverneur qu'il était, M. Verne s'embrouillait, s'impatientait et naturellement eut besoin de faire tomber sa mauvaise humeur sur un inférieur. Il héla d'un mouvement de tête et de deux ou trois *psitt* Édouard Brisebarre, absolument comme on hêle un cocher ou un marouffle.

Il s'adressait mal. Brisebarre regarda son supérieur et ne bougea pas.

— Mais qui êtes-vous donc? cria M. Verne avec une superbe arrogance.

— J'étais tout à l'heure votre employé, fit le futur auteur, et maintenant...

— Et maintenant?

— Maintenant, j'ai bien l'honneur de vous saluer... pour toujours.

Après cette réponse, il lança sa plume en murmurant « *alea jacta est,* » prit son chapeau, laissa comme souvenir son vieux paletot de bureau et courut chez Anicet.

— Voilà, dit-il en donnant un manuscrit.

Pendant qu'*Anicet* lisait, *Dumanoir* entra, et fit quelques excellentes et spirituelles observations. Un mois après, *la Fiole de Cagliostro* était jouée au Palais-Royal par Mlle *Déjazet*, *Leménil* et *Derval*, et le public, après avoir entendu annoncer comme auteurs de ce vaudeville *MM. Anicet, Dumanoir* et *Brisebarre*, le public battit des mains.

Ce succès l'encouragea. Il avait trouvé sa voie, et il devint, non pas seulement, comme le dit, à tort, M. Vapereau, un faiseur de gais vaudevilles, mais, comme je le prouverai plus loin, un de nos plus féconds auteurs dramatiques et, qui plus est, un peintre de mœurs.

Neuf années durant il fut membre de la commission des auteurs et compositeurs dramatiques, et le premier proposa d'appliquer aux théâtres de banlieue et de province le droit proportionnel. Cette proposition était juste; naturellement, on commença par crier haro sur lui, et ce ne fut que longtemps après que ses confrères, reconnaissant la justesse de ce tarif, se joignirent à lui.

Quand Brisebarre est fatigué, il se repose... en travaillant. Sous ses doigts, le piano chante. Tout d'abord, sa pensée musicale erre incertaine, puis, peu à peu, se fixe, et le poëte devient compositeur de musique.

Dans sa dernière pièce : *les Trous à la Lune* (un succès), il a composé une valse charmante, dansée par Mlle *Nelson* et *Leriche*.

Ce n'est point tout.

C'est dommage vraiment que Mathieu ne soit pas son prénom; — nous avons Mathieu Laensberg, Mathieu de la Drôme, Mathieu de la Nièvre, nous aurions Mathieu Brisebarre.

Il a inventé un système pour prédire le temps, système auquel personne ne croit. — Est-ce que, par hasard, ce serait à cause de sa logique? Cela ne m'étonnerait nullement; mais je m'étonne qu'on puisse allier la poésie et l'imagination à la science exacte par excellence, aux mathématiques.

Si l'esprit court les rues, c'est probablement que l'auteur des *Drames de la vie* a laissé échapper le sien. — Ce n'est pas qu'il soit très-causeur, il est plutôt silencieux; mais de même qu'à un moment donné, un poltron a quelquefois plus de courage qu'un brave, de même un rêveur aura tout à coup de joyeuses saillies.

Dans sa jeunesse, un créancier, gracieux comme un dogue à qui on retire un os, l'aborda et lui dit :

Il faut en finir, monsieur; que diable! il y a un terme à tout!

Vous êtes dans l'erreur, répondit Brisebarre, il y en a quatre... hélas!

Un jour il aperçoit un déménagement........ forcé d'artiste.

— Tiens! s'écrie-t-il, la danse des meubles! L'orchestre conduit par Bric-à-Brac... Le piano invite la bergère; le grand fauteuil, la commode, et les chaises font vis-à-vis... Quelques pièces de cent sous sont la musique... et la chambre est vide!

Vieille histoire! histoire éternelle... reliée en chagrin.

Une autre fois on lui demandait de quel instrument jouait un de ses amis, musicien :

— Ordinairement, répondit-il, il joue du violon;

mais, pour le moment, il joue du... Mont-de-Piété.

Un instrument dont la corde est toujours triste, que beaucoup de vaniteux font résonner, que les parvenus méprisent, que les malheureux seuls savent toucher.

En 1848, après la grande bataille de Juin, étant capitaine rapporteur du conseil de discipline de la sixième légion, il fut chargé par le colonel Forestier, ainsi que plusieurs autres officiers, de faire l'instruction préparatoire des prisonniers déposés dans le fort de Bicêtre.

Sous la voûte, plusieurs tables étaient disposées. Édouard Brisebarre était à l'une d'elles et instrumentait avec Martin Lubize, un de ses collaborateurs.

Après quelques minutes de conversation, il se trouvait convaincu qu'il n'avait affaire qu'à des innocents, et il dressait en conséquence ses interrogatoires. Les prisonniers avaient flairé Édouard Brisebarre et se précipitaient de préférence vers sa table pour être interrogés par lui.

Quelques jours après, on le pria de ne ne plus retourner à Bicêtre. — Il instrumentait trop bien.

C'est un touriste et un curieux enragé. Il a le « diable au corps, » et, comme Gusman, il ne connaît pas d'obstacle.

Au Havre, à Frascati, il se casse la jambe en faisant de la gymnastique.

Un jour, à Cherbourg, il risqua sa vie avec l'aplomb d'un vrai gamin de Paris.

Il allait visiter l'arsenal à l'heure de midi, heure à laquelle on faisait jouer la mine pour le creusement des nouveaux bassins. Le concierge — ces messieurs n'en font jamais d'autre — avait oublié de le prévenir... Brisebarre vit bien un drapeau rouge, mais il ne comprenait pas ce signal. Il fut donc fort étonné de se trouver tout seul sur le quai, d'entendre de fortes détonations et d'être enveloppé d'une pluie de pierres. Il crut naïvement à une mystification.

Tout à coup une voix lui cria :

— Couchez-vous à terre ou jetez-vous à la mer !

Quoique très-bon nageur il hésita, par amour-propre, et continua jusqu'au bout du quai sa promenade, en fumant son cigare, au milieu d'une grêle de pierres.

— Malheureux! lui dit un officier, mais hier, à cette place, un homme a été tué! Vous n'avez donc pas eu peur?

— Si fait... de passer pour un poltron, répondit-il, et comme je suis Parisien... on a son drapeau.

Ce n'était pas la première fois qu'il échappait à une mort presque certaine. Étant enfant, il tombe d'un premier étage sur une terrine, et brise, non pas sa tête, mais le vase. On le croyait perdu. Bast! Il remonte tranquillement, et, comme remède à sa chute, se bourre de gâteaux.

Plus tard, au collége, il se sauve du cachot, situé au troisième étage, en descendant le long d'un tuyau. Son professeur poussa un cri d'effroi quand, venant le délivrer, il trouva la prison vide. — L'enfant terrible le regardait d'en bas en riant comme un fou.

Il a toujours conservé l'amour... des planches.

Il y a cinq ou six ans, Ambleteuse, près Boulogne-sur-Mer, donnait au profit des pauvres *le Sourd*, d'Adolphe Adam. Savez-vous qui se chargea du rôle du Sourd?... Brisebarre!

Il joua avec tant de naturel ce personnage que

M. Billault, alors ministre, qui assistait à cette représentation, ne put s'empêcher, après avoir mêlé ses applaudissements à ceux du public, de complimenter chaudement l'auteur des *Drames de la vie*.

De même que tous les hommes de grand cœur et exceptionnels, il a été mal jugé, même par une charmante petite fille, aussi charmante qu'intelligente, aussi intelligente que moqueuse (j'en sais quelque chose).

Les enfants sont sans pitié.

Édouard, fit-elle un jour qu'on parlait politique, n'est ni un démocrate ni un aristocrate, c'est un *égoïstocrate*.

Le mot est joli... mais faux.

Vous devriez savoir, mademoiselle Ève, plus que tout autre, qu'Édouard Brisebarre a un cœur d'or, et que son bonheur est d'obliger avec un empressement et une délicatesse inouïs.

J'entendais dernièrement une de ces artistes de carton qui se font du théâtre un piédestal pour arriver au ruisseau me dire :

— Oui ! c'est un bon garçon, mais c'est dommage qu'il ne soit pas *un peu plus Crésus.*

Celle qui parlait ainsi ne se doutait guère qu'elle décernait un brevet d'honnêteté à Édouard Brisebarre.

Il fut pendant une année directeur du Théâtre du Boulevard du Temple (ancien Théâtre-Historique), et certes il ne tenait qu'à lui de faire sinon fortune, du moins d'acquérir une aisance qui lui était due.

Là, un faiseur aurait réussi, lui se ruina.

Quoi de moins étonnant ? En affaires, c'est la loyauté faite homme. Sa parole vaut mieux que tous les traités ou actes, seraient-ils enregistrés deux fois. Aussi que de gens a-t-il enrichis à ses dépens et qui ne lui en ont aucune reconnaissance, au contraire !

Édouard Brisebarre est né à Paris, rue Ménilmontant, en 1821, et non en 1811, ainsi que l'a annoncé, dans son Dictionnaire, M. Vapereau.

Son grand-père fut un des fondateurs de la Banque de France, et son père y occupait l'emploi de chef de division.

Sa famille est originaire de Châtillon-sur-Seine, en

Bourgogne. — Ses ancêtres reposent dans une des églises de cette ville, dans l'église Saint-Jean, je crois.

C'est le dernier rejeton des comtes de Brisebarre. Il ne porte point ce titre et ne se targue pas de sa noblesse. — Au fait! qu'ajouterait un titre à sa réputation ?

Brisebarre est un artiste dans toute l'acception du mot. — Il a un culte pour tout ce qui est beau, pour le vrai surtout. — Il cherche la vérité comme Diogène cherchait un homme. Ce n'est pas cependant un réaliste pur. — Sa nature est trop sensible pour se complaire à la vue d'une laideur qui ne serait pas rachetée par quelques qualités, et tout amoureux qu'il est de la réalité, il a toujours su, dans ses productions, en adoucir les angles.

Voilà l'homme ; — passons à ses œuvres.

« Lorsque vous examinez un ouvrage, sachez au-
» paravant quel a été le but de l'auteur; car vous ne
» devez exiger dans un écrit que ce que l'auteur a
» voulu y mettre. — Si le plan en est régulier, si les

» moyens en sont judicieux, l'auteur mérite nos
» éloges, nonobstant quelques taches. »

» L'homme de lettres fait bien de commettre quelquefois de petites fautes pour en éviter de plus grandes. »

Je ne sais qui a dit cela, mais j'approuve ce conseil donné aux critiques, et je le suivrai en ce qui touche Brisebarre.

Disons-le franchement, la plupart des pièces actuelles, même celles qui ont cent représentations, ne supporteraient pas la lecture.

Ce sont de véritables cadavres que le théâtre a le pouvoir de galvaniser plus ou moins longtemps.

Il n'en est pas ainsi des drames de Brisebarre qu'il a intitulés *les Drames de la vie* et dédiés *à ses amis connus et inconnus* (1).

Qu'on les lise ou qu'on les voie jouer, *ils empoignent*. — Là, point de remplissages. — L'auteur ne se creuse pas la tête à chercher des situations impossi-

(1) Comprenant : *le Musicien des rues*, *le Retour de Melun* (*Léonard*), *les Pauvres Filles*, *le Garçon de Ferme*, *Botany-Bay*.

bles, non ! Il prend son sujet dans la vie réelle ; il entoure son héros de personnages utiles, nécessaires à l'action, lui fait parler un langage qui lui est propre, et non pousser de ces exclamations insensées qui réjouissent nos portières, ou imbibent les mouchoirs de nos demoiselles de magasin. — L'esprit de bon aloi, la gaieté, le sentiment naturel abondent dans ses drames, et, tout palpitants d'intérêt qu'ils soient, ils sont parsemés de pensées délicates et fines, de réflexions profondes et charmantes en même temps.

Ce sont de véritables études du cœur humain, études prises sur le vif. Sa plume fait admirablement ressortir les vices, les défauts, les vertus et les qualités de la pauvre nature humaine.

En tête de la brochure de *Léonard* on lit cette curieuse préface :

« *Léonard* a paru en 1860, mois d'avril, dans un ouvrage en deux volumes, intitulé : *les Drames de la vie*, publié à la Librairie nouvelle, par Bourdillat. »

« Il portait alors ce titre : *Le Retour de Mélun.* »

« Le livre *les Misérables* a été édité en juin 1862. »

« Pour notre sauvegarde, nous rappelons ces deux dates. »

En effet, *Léonard* est bien l'histoire d'un misérable, d'un vrai misérable.

Ce drame a eu, sans interruption, plus de deux cents représentations.

Le Musicien des rues, publié dans le même ouvrage, et que l'auteur aurait pu appeler le Supplice d'une femme, est une œuvre où le cœur déborde.

La fameuse scène si appréciée dans la pièce de M. E. de Girardin se trouve également dans celle de Brisebarre. Là aussi, une jeune fille préfère la pauvreté avec son père à la richesse avec sa mère. Dans l'un et l'autre drame la mère est punie par l'enfant et l'amant (dans *les Musiciens des rues*, l'amant est remplacé par un mari); mais l'idée première appartient de droit à l'auteur de *Léonard*, et elle est, j'en demande bien pardon au célèbre journaliste, plus développée chez Brisebarre que chez lui.

Le *sic vos non vobis* sera éternel.

Les trois principaux personnages de cette remarquable étude remplissent un rôle d'une vérité saisissante, et je serais fort embarrassé de dire lequel des trois est mieux tracé.

Je ne puis donner ici la nomenclature complète des pièces de ce charmant conteur. Il en a produit, au moins, deux cent cinquante, dont plus tard — si ce n'est déjà fait — les auteurs à court prendront adroitement l'esprit; car depuis que Molière a dit qu'il prenait son bien où il le trouvait, le vol littéraire est à la mode.

La Fiole de Cagliostro est sa première pièce.

Parmi les plus remarquables, je citerai :

Le Baiser de l'Étrier,
Le Tigre du Bengale,
Les Médecins,
Léonard,
La Servante,
Les Pauvres de Paris,
L'Histoire d'une Rose et d'un Croque-mort,
Le Premier Coup de canif,

Pascal et Chambord,

Madame Camus et sa demoiselle,

La Vie en partie double,

Un Turc pris dans une porte,

Le Père nourricier,

Marié au second, Garçon au cinquième,

Drinn! Drinn!

Suzanne,

Les Lettres des anciennes,

Rose Bernard,

Les Portiers,

Les Gens de théâtre (comédie très-remarquable en cinq actes, représentée à l'Odéon),

Les Ménages de Paris,

La Malle de Lise,

La Légende de l'homme sans tête,

La Vache enragée (excellente étude de mœurs parisiennes),

L'Été d'un fantaisiste,

L'Automne d'un farceur,

L'Hiver d'un homme marié,

La Visite du matin,

Les Trous à la lune,
La Route de Brest,

L'Ile Saint-Louis, une œuvre capitale, non pas interdite par la censure comme on l'a prétendu, mais non autorisée au Théâtre du Cirque, dirigé par M. Billion, qui n'avait pas le droit alors de jouer des drames intimes.

La liberté des théâtres a donné la liberté des genres ; il n'existe plus maintenant de ces ridicules entraves ; et *l'Ile Saint-Louis*, dont la portée morale est considérable, pourrait très-bien, avant peu, être représentée sur l'un de nos grands théâtres.

Ses principaux collaborateurs furent :

ANICET BOURGEOIS,
DUMANOIR,
DENNERY,
EUGÈNE NYON,
NUS,

La musique est de M. Auguste L'Éveillé, un musicien de grand talent, qui, comme chef d'orchestre, fit ses premières armes au Théâtre du Boulevard du Temple, où il composa pour *Othello, Léonard*, etc., des chants et de la musique de scène dignes de nos grands théâtres lyriques.

Où Brisebarre s'est surpassé, c'est dans une œuvre malheureusement peu connue, publiée dans un journal anglais (*la Chaîne de l'Union*) et intitulée : *Le Journal d'un pauvre Diable.*

Ce pauvre Diable est un sage dont le cœur et le bon sens sont sans cesse heurtés par les vices de la société.

Il n'est pas philosophe, c'est-à-dire qu'il ne possède pas cette résignation bête qui fait que certains êtres supportent patiemment et voient avec insouciance les petites infamies, les innombrables lâchetés que commettent les forts aux dépens des faibles.

Il semble ne pas croire à la morale de la fable *du Pot de terre et du Pot de fer.* Sa bonne nature se révolte journellement, il se déchire les mains, il saigne, peu importe ! Il va de l'avant, il lutte, lutte toujours avec courage, et si parfois des larmes brûlent ses joues, c'est qu'il songe à la souffrance qu'endurent ceux qu'il aime et à qui il s'est dévoué.

Seul il ferait peut-être le grand saut, mais son cœur de père, son cœur d'amant est pétri d'une énergie sauvage. « Tout pour mes aimés » est sa devise. Ni la faim, ni les déceptions, ni les insultes ne l'abattent.

Un jour, il n'était pas rentré chez lui. Tout d'abord il pense à l'inquiétude qu'il a dû causer aux siens, puis tout à coup il s'écrie :

« Bast ! ils n'en dîneront que mieux ! »

D'autres fois *ce pauvre diable* qui a pour ombre la fatalité, pour horizon la misère, sur la tête un ciel toujours sombre, et qui, misérable, trouve tout simple d'être honnête, éprouve des étonnements naïfs en voyant l'étrange conduite des enrichis et des parvenus.

Que feraient-ils s'ils étaient affamés ?

C'est un bohême aussi, mais peu ressemblant aux héros de Murger. Il ne rit pas, il ne sourit même pas ; il n'en a pas le temps !

Pour chasser le chagrin, pour alléger son poids

toujours croissant, il marche, va, vient, et un jour ses pas l'ont conduit devant une guillotine.

« Le jour commençait à poindre.

» J'entends je ne sais où sonner cinq heures du
» matin. Je regarde devant moi, et, au milieu d'une
» fourmilière de peuple, je vois une singulière chose
» dont je ne me rends pas compte. Il y a deux pou-
» tres, droites, fixées en terre, et quelque chose de
» blanc, de luisant en haut. Tout autour une balus-
» trade ouvragée, tenant tout à la fois d'un chalet
» suisse ou d'un orchestre de barrière. Je regarde
» plus attentivement ! un frisson me saisit ! j'ai enfin
» deviné :

» La guillotine !

» C'est donc cela ! mes yeux ne peuvent s'en dé-
» tacher.

» Il me semble que j'examine un vieux réverbère,
» sorti, un mardi gras, pour l'hilarité de la populace,
» d'un musée de Cluny quelconque, ou un vieux
» casque bosselé, qui a servi de vase à un ferrailleur.

» Quelques hommes vêtus de blouses sales, de

» paletots huileux, grouillent çà et là. L'un d'eux
» grimpe sur l'estrade! un sac à la main! et verse à
» toute volée du son sur le plancher!

» Quel était donc le héros de cette tragédie en
» plein vent? de ce drame du ruisseau? de cette
» boucherie de la rue? un pauvre diable, sans doute,
» victime de sa stupidité ou de son ignorance!

» Je me trompais! c'était un des nôtres! un homme
» à habit!

» Je m'expliquai alors ce bouillonnement de têtes
» qui exhalait comme un cri de joie! ce mouvement
» violent, hardi, presque impérieux de la foule... qui
» se sentait à l'aise et n'avait pas peur de souffrir du
» sang de l'un des siens.

» Il y avait dans ce remue-ménage la tranquillité
» agitée du poulailler d'un théâtre populaire à qui
» l'on doit son drame!

» Et il venait en voir un ce peuple!

» Et aussi stupide, ce drame-là, que ceux qu'il
» déguste quelquefois dans sa grosse sottise!

. . . .

» Je vois un homme qui grimpe sur l'échafaud,
» puis un autre. Ils sont âgés!

» Ce sont même des vieillards!

» Le plus vieux assujettit son binocle en écaille et
» à ressorts d'argent. Il examine en connaisseur le
» triangle qui luit, et fait à voix basse et bénigne
» quelques sages et bienveillantes observations.

» Ce n'est pas une critique.

» C'est un corollaire.

» L'amour d'une petite fille pour sa poupée mal
» troussée, l'amour d'un collégien pour sa première
» rencontre à un Mabille de bas étage, l'amour d'une
» mère pour son fils imbécile et scrofuleux, d'un
» père pour sa fille idiote et louchante!

» Tout cela n'est rien, rien absolument rien à côté
» de l'amour de ce vieux bonhomme pour sa guillo-
» tine! Il la tâte, il la lisse, il la flaire, il la hume!

» Ce n'est pas du bonheur!

» C'est de l'extase!

» La vue de cette guillotine! c'est du hatchis!

» Cet homme! c'est le *Michel-Ange* du couperet.

» Cinq heures trois quarts sonnent!

» Une épouvantable clameur a lieu... semblable à
» celle qui précède le lever de la toile, le jour d'une
» première représentation.

» La foule se raidit! Elle tend les jarrets! Les
» gendarmes tirent leurs sabres!

» La grille de la Roquette s'ouvre! toute grande,
» toute béante... comme un vomitoire!

» Au fond, une autre petite grille basse s'ouvre
» aussi!

» La foule, canaille, hideuse, baveuse, sanguino-
» lente, gutture un cri sourd, curieux, satisfait, à
» demi repu!

» Quelques âmes! quelques chrétiens! quelques
» penseurs! semés au hasard de cette boue, se dé-
» couvrent lentement... silencieusement, pour saluer
» la grande majesté qui va mourir!

» Un homme, vêtu d'un pantalon noir, sans bre-
» telles, trottine, la tête haute... pour la dernière fois.

» C'est un médecin, un empoisonneur, qui n'avait
» qu'une seule idée! devenir riche! propriétaire!

» Posséder! le grand mot! le mot *monstre!*...
» qui fait des monstres!

» C'est une des nombreuses victimes de cette
» épouvantable théorie qui commence à la pièce de
» deux sous et finit au milliard...

» Sa chemise est admirablement blanche. Der-
» nière coquetterie! le col coupé.... un achemine-
» ment. Un paletot noir froissé est jeté sur ses épaules.
» Il marche difficilement, ses jambes ont des entraves!

» Pourquoi? Vous êtes là six cents hommes. Il est
» seul. Ses bras sont liés derrière le dos.

» Ses cheveux abondants sont comme hérissés!
» Son teint est coloré. Il franchit la dernière grille.
» Il regarde le ridicule ustensile. Sa tête se baisse.
» Ses yeux deviennent hagards! Il tient bon pour-
» tant. Il embrasse le prêtre, car il y a un prêtre.

» Une fois!

» Deux fois!

» Trois fois!

» Pour manger du temps. Puis, sentant qu'il n'y a
» plus d'embrassades à espérer! il se recule instinc-
» tivement. Il se raidit.... Il se fige en terre.

» On l'empoigne par le dessous des bras. On lui

» fait gravir les marches en bois. On le boucle sur la
» planche. On l'enfourne dans la moitié de la lunette.
» L'autre moitié s'abaisse sur son cou.

» L'homme est pris comme dans une fraise à la
» Médicis.

» Un valet du bourreau lui saute sur la crinière,
» lui abaisse fortement la tête, en la lui fixant devant
» le panier.

» Le grand bourreau touche le ressort. Le couteau
» tombe. La tête disparaît. L'aide du bourreau est
» couvert de sang !

» Tête et corps, panier avec, sont fourrés dans une
» tapissière à quatre roues, basse, courte, trapue,
» verdâtre, crottée de glaise et fermée de tous côtés
» par des volets graisseux...

» Le vieux cheval, piqué du fouet, s'élance... au
» pas, vers Clamart.... »

Voilà, si je ne me trompe une magnifique page, écrite avec une vigueur de style et de pensée étonnante ; un portrait frappant, aux lignes pures, hardies, aux tons chauds. Elle est intercalée au milieu de cent autres.... qui la valent.

Si je m'écoutais, je butinerais encore dans ce roman, et je citerais d'autres passages, un surtout où le héros, après avoir perdu sa mère, fatigué de la vie réelle, dégoûté par l'égoïsme humain, ce mal hideux, las des pantins et des saltimbanques qui gesticulent autour de lui, font la *nique* aux honnêtes, donnent la main aux fripons et dansent avec la canaille, le héros, dis-je, se réfugie dans un pays où l'enfance est protégée, la vieillesse respectée, où la liberté, la justice règnent, où il est permis d'avoir un cœur......

Édouard Brisebarre, qui a fait plusieurs métiers, et tous honorablement, a, en littérature, plusieurs cordes à son arc.

Il passe du grave au doux, du plaisant au sévère, à volonté. Tel qui verra ses drames pleurera, rira et apprendra.

Je m'arrête.

Encore un mot cependant.

J'ai dit franchement sur l'homme ce que je savais. Sans parti pris, j'ai jugé ses œuvres comme elles le méritaient, je crois.

Aussi je finis en répétant avec le chevalier de Rosnay :

« Ce que j'aime en lui, c'est que, malgré ses succès et ses qualités, il est resté bon, serviable et modeste. »

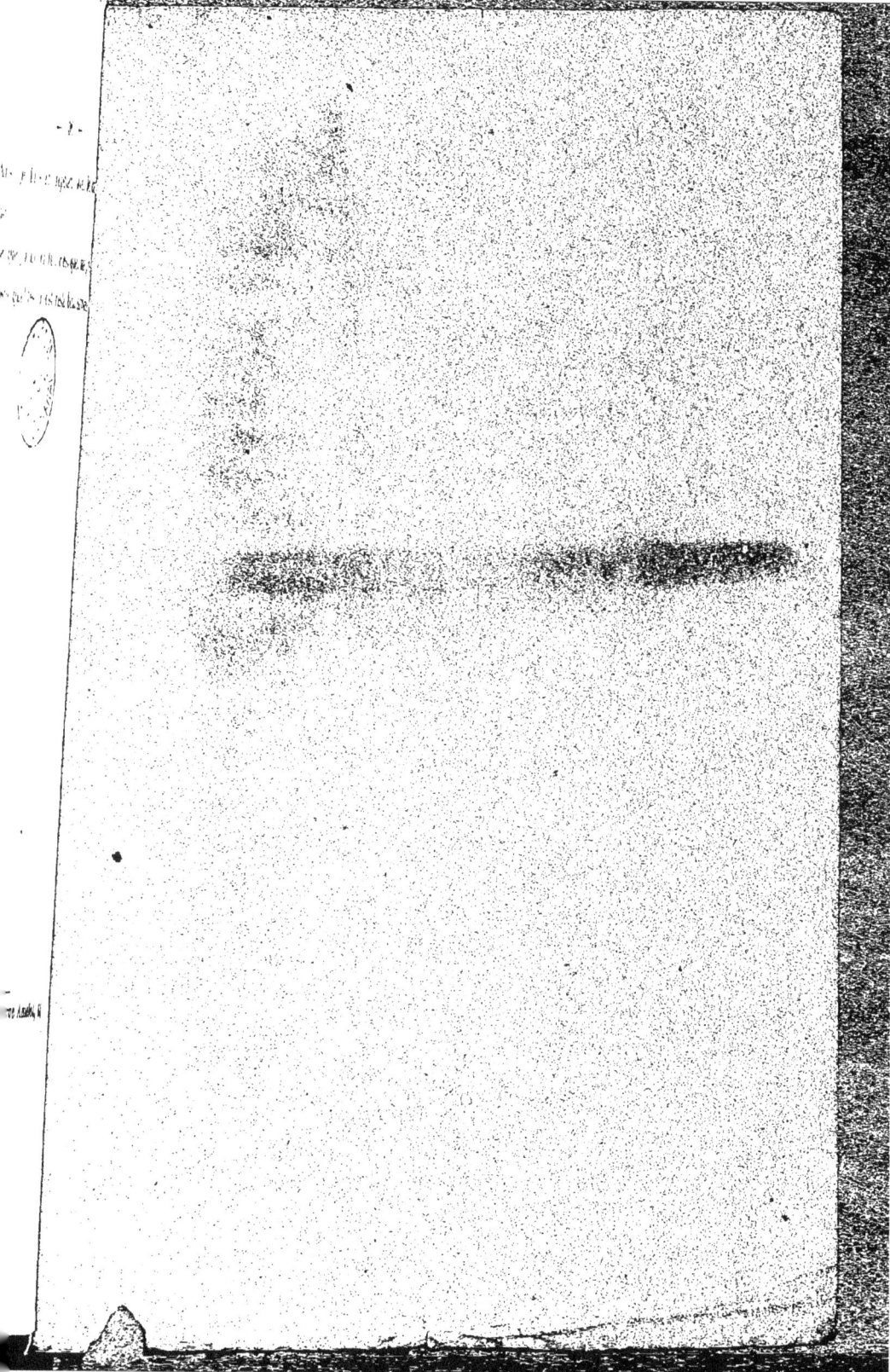

A PARAITRE PROCHAINEMENT

LE DOCTEUR CAMPBELL.
COURBET.
DE SAINT GEORGES.
DE BISMARCK.
PERDONNET.
ANICET BOURGEOIS.
MIRÈS.
LIMNANDER.
ADOLPHE DENNERY.
MILLAUD.
ANAIS SÉGALAS.
CAIL.
FRÉDÉRICK-LEMAITRE.
OLYMPE AUDOUARD.
Mgr DUPANLOUP.
LACHAUD.
H. DE VILLEMESSANT.
MARIE CABEL.
AIMÉ MAILLARD.

CAMILLE DOUCET.
TIMOTHÉE TRIMM.
FRANCINE CELLIER.
LOUIS BLANC.
NAUDIN.
JULES FAVRE.
Mgr DE BONNECHOSE.
E. DU VIVIER.
DEVINCK.
DOCTEUR MALINGRE.
DECHAMPS.
GUSTAVE DORÉ.
FERDINAND DE LESSEPS.
HAUSSMANN.
DUPUY DE LOME.
DÉJAZET.
GÉNÉRAL MÉLINET.
DURANDEAU.
ALFRED BLANCHE.

Paris. — Typ. Morris et Comp., rue Amelot, 64.

www.ingramcontent.com/pod-product-compliance
Lightning Source LLC
Chambersburg PA
CBHW060524050426
42451CB00009B/1149